Viel Spaß!
Herzlichst
dG

Peter Lehr

25. 01. 03

Helmut Eckl

Da Bibe Atzinger

Helmut Eckl

Da Bibe Atzinger

Vor-Lesebuach füa kloane Kinder
und Lesebuach füa große Kinder

Mit Zeichnungen von
Gerhard Joksch

edition schulz

© 1997 edition schulz
Verlag und Verwaltungsgesellschaft mbH
Prinzregentenstraße 54
D-80538 München

Alle Rechte vorbehalten.

Druck und Bindung:
Memminger Zeitung Verlagsdruckerei GmbH
D-87700 Memmingen

ISBN 3-932142-18-7

Printed in Germany

De Gschichtn
vom Bibe Atzinger

Seite

Erste Gschicht:
Bist as du gwen? 7

Zwoate Gschicht:
Wart no, Hans-Jürgen! 14

Dritte Gschicht:
Foisch, oiß foisch! 23

Vierte Gschicht:
Daß do koana schimpft? 33

Fünfte Gschicht:
Na, mia is' Wurscht! 42

Sechste Gschicht:
Grüaß God! 49

Siebte Gschicht:
Wos ko ma do scho macha? 57

Achte Gschicht:
Ah nix! 65

Neinte Gschicht:
Hoit, hoit! 71

Erste Gschicht:
Bist as du gwen?

Ja mei, unsa Bibe! sagt oiwei d Muadda.
Ja mei, unsa Bibe! sagt oiwei da Vadda.
Ja mei, da Bibe! sagt oiwei da Lehra.
Dees war gwieß wieda da Bibe! sagt
oiwei de pensioniate Nachbarin.
Oiso, wia gsagt, aa wenn s da Bibe
amoi net war, nachad schrein d Leid aa
bloß: Es werd da Bibe scho gwen sei,
gwieß war s da Bibe, da Bibe war s und
sunst koana!
Ja, und da Bibe sitzt nachad oft am Sand-
kastn, bohrt in da Nosn, konn nix dafüa
und muaß' doch gwen sei. Ja, so is' hoid
mid m Bibe und seim Lebn.
An Bibe sei Lebn hod, dees muaß amoi
gsagt wern, wia bei de meistn Menschn
mid da Geburt ogfangt.
De meistn Menschn macha se do drüba
koane Gedankn; da Bibe oba scho. Da
Bibe hod se nämle dengt: Ja, warum

nachad grod i? Und außadem hod n aa
koana gfragt, ob a übahaupts wui, so af
d Welt kemma und a Mensch sei.
Eigentle waar da Bibe nämle liaba a
Elefant worn, nachad hädd a a narrische
Kraft ghabt und hädd s dene scho zoagt:
an Lehra, da Muadda, an Vadda und
da pensioniatn Nachbarin.
Oba naa, a Mensch hod a wern müassn,
und koana hod n hoid gfragt, ob a
übahaupts a Mensch wern wui.
Ja mei, so lang ma kloa is, hod se da Bibe
dengt, werd ma net gfragt.
Und genau dees hod n Bibe a bisserl
gärgat, und drum is aa da Bibe da Bibe
worn. Und olle Leid ham gsagt: Ja mei,
da Bibo, oh mei, du Bibe!
Ja, und da Bibe hod se bloß a bisserl
mid seina Nosnbohrerei obgebn und se
dengt: Hädds me hoid gfragt. Jetz bin e
do, bin da Bibe und bin agrat aso.
Jetz werd eich am End no intressian, wia
da Bibe zu seim Nama Bibe kemma is.
Na, dees is eigentlich ganz einfach. Füa

n Bibe hod ma nämle gar koan Nama
gfundn. Max war nix, weil s z kuaz war.
Sepp war nix, weil olle aso hoaßn.
Maria is natürle scho glei gar net
ganga, weil doch da Bibe a Bua war –
und wos füa oana.
Bist as du gwen? hod d Muadda oiwei
gsagt.
Bist as du gwen? hod da Vadda oiwei
gsagt.
Bist as du gwen? hod da Lehra oiwei
gsagt.
Bist as du gwen? hod de pensioniate
Nachbarin oiwei gsagt.
Bist as du gwen? Bistasdugwen ...
Mid da Zeit war dees Bistasdugwen de
Leid z lang zum Sagn. Do ham s nachad
bloß no gsagt: Bi-be, Bi-be.
Und da Bibe hod an Nama ghabt und
Bibe ghoaßn.
Ja, und daß da Bibe so a richtiga Bua
werd, dees hod ma glei ganz am Anfang
gspannt. Wia da Bibe nämle so af d
Welt kemma is, ohne daß n eppa fragt,

ob a übahaupts wui, hod da Bibe zerst
a Hebamm troffa. Dick war de, a rods
Gsicht hod s ghabt und af n Buckl hod s
an Bibe naufghaut, daß a glei schreit.
Zerst muaß ma nämle schrein, wenn ma
af da Welt is. Da Bibe wollt oba net
schrein, sei Ruah wollt a.
D Hebamm wollt oba, daß da Bibe
schreit. Drum hod s eahm glei no amoi
a Saftige af n Buckl naufghaut. Dees
war oba nachad an Bibe zvui. Do hod
a zruckghaut.
Grod patscht hod s, und d Hebamm
hod aus da Nosn bluat. Richtig af d
Nosn hod da Bibe de Hebamm mid m
rodn Gsicht troffa.
Dafüa hod a do oba nix kenna. Hädd
eahm aa net af n Buckl naufhaun
braucha. Natürle hod damois da Bibe
no net gwußt, daß ma ois a kloana Bua
net zruckhaun derf, wenn ma ghaut
werd. D Hebamm hod dees oba scho
gwußt, drum war s aa glei beleidigt und
is nia mehr zum Bibe kemma.

Da Bibe oba war froh: Weil, de dicke
Frau mid dem rodn Gsicht, de net amoi
gfragt hod, ob a übahaupts af d Welt
kemma wui, war aus m Haus. Und
außadem, hod se da Bibe dengt, wenn e
a Elefant worn waar, nachad hädd e de
Hebamm no ganz andas af d Nosn nauf-
ghaut; froh konn s sei, ganz froh.
Zfriedn hod se da Bibe in da Nosn bohrt,
gwußt, daß a eigentlich nix dafüa konn,
daß a de dicke Frau mid dem rodn Gsicht
af d Nosn troffa hod, und gwart, wos mid
eahm ois Mensch – wo a doch so gern
a Elefant worn waar – no oiß bassian
werd.
Ja mei! hod do d Muadda gsagt.
Ja mei! hod do da Vadda gsagt.
Und olle zwoa ham s Angst davor
ghabt, wos mid m Bibe no oiß bassian
werd.
Da Bibe oba, unsa Bibe, der hod koa
Angst vor m Lebn ghabt, so ois Mensch.
Und ihr brauchts natürle aa koa Angst
hom um an Bibe.

Zwoate Gschicht:
Wart no, Hans-Jürgen!

Oh mei, geht s an Bibe durch n Kopf,
oh mei, dees werd wos wern. In a paar
Dog muaß e in d Schui. Muaß einfach
in d Schui!! Ja, warum muaß e denn
eigentlich in d Schui, warum denn?
Konn doch scho oiß!
Radl fahrn konn e, Fuaßboi spuin konn e,
mid da Stoaschleida konn e schiaßn,
i konn ja wirkle oiß, wos e brauch,
damid s ma gfoid af dera Welt.
Oba mei, i muaß hoid in d Schui. Do
konn e scho gar nix macha, weil s Leid
gibt, de oan oiwei sagn, wos ma macha
muaß. Ja, und de Leid sagn, daß d Schui
guad is füa s Lebn, und scho muaß ma
in d Schui. Aus!
Ja mei, so is' hoid, dengt se da Bibe,
bohrt in da Nosn und sigt do, wia da
Hans-Jürgen zum Sandkastn zuare
kimmt.

Da Hans-Jürgen. A Berlina. Is no net recht lang do, da Berlina.
Und redn duad dea! Wia a Wassafoi! Kaum zum vasteh. Füa den, füa den, geht s an Bibe beim Nosnbohrn durch n Kopf, für den werd s Zeit, daß a in d Schui kimmt – damid a lernt, wia ma richte redn duad!
Servus, Hans-Jürgen! sagt da Bibe.
Tach, Tach, Bibe!
Du, Hans-Jürgen, mach ma wos? wui da Bibe wissn.
Na klar, haun wa een druff! moant da Hans-Jürgen draf.
Oiso guad, auf geht s!
Weil an Bibe aa nix Bessas eifoid, schiaßn er und da Hans-Jürgen zerst af Vakehrsdofen. Dees macht an Spaß, mid da Stoaschleida af Vakehrsdofen schiaßn! Dees schebat, und de rode Farb springt ob, wenn ma sauba trifft. A Mordsspaß! Grod kracha duad s, grod schee is'! Ja, und weil s hoid grod so narrisch schee is, spannt da Bibe net,

daß do a großa Mensch mid am grantign Gsicht nähakimmt. Und wia s da Bibe spannt, is' scho z schpat.
A saubane Watschn kriagt da Bibe und hod dees Gfui, daß de Schiaßarei af Vakehrsdofen am End net ganz richtig war.
Mei Liaba, de Watschn brennt net schlecht! Und da Hans-Jürgen, der Feigling, is scho davo.
Hinta m Haus vom Lehra Maier, dort wo de Hoslnußstaudn ganz eng san, trifft da Bibe wieda an Hans-Jürgen.
Warum bist n davo?
Bin ick doof, wa?
So, geht s an Bibe wieda durch n Kopf, doof is a net. Na ja, werst scho no gscheid redn lerna, dengt se da Bibe, wenns d in d Schui muaßt. Sagn duad da Bibe oba nix, weil dees werd no a Spaß.
In de Streicha und Staudn drinna hocka is natürle langweilig. A neis Zui muaß her, a neis Zui füa d Stoaschleida!

Hm, dees Dochfenstal vom Lehra Maier
kannt ma am End a bisserl treffa, ha,
Hans-Jürgen? – Net ernst treffa, daß' glei
hi is. Bloß a bisserl treffa. Bloß schaugn,
ob ma s übahaupts treffa daad, wenn s
draf okam, vastehst?
Och, det olle Fenster, wa! Ick möchte
uff de Tulpen da zieln, wa!
De Tulpn? Du spinnst ja. Dee san doch
so schee!
Is mir doch ejal! Uff de Tulpen da will
ick …
Ja nix do, sagt do da Bibe, nix do! Wo
a se oiwei aso plagt, da Lehra Maier,
daß' schee wern, seine Tulpn. Naa,
dees derf ma net.
Angsthase, wa? Da Hans-Jürgen grinst.
Da Bibe is wuadig. Daad n Hans-Jürgen
am liabstn oane af d Nosn naufhaun,
daß' pfeift.
Af dees Dochfenstal werd gschossn, aus!
Na jut, wenn de nich willst.
Naa! sagt da Bibe und zuid af s Doch-
fenstal. Schiaßt vabei, oiwei ganz

knapp vabei. Da Hans-Jürgen trifft eh
net. Da Bibe schiaßt weida ganz knapp
vabei.
Triffste nich, oda trauste dia nich? frogt
do grinsend da Hans-Jürgen.
Wenn e mog, nachad triff e aa, moant
draf da Bibe.
Na los, Mann! Oda trauste dia doch
nich?
Da Bibe spannt, wiar a no grantiga
werd.
Guad, jetz geht s ernst!
Da Bibe legt o. Duad an rundn Stoa in
d Schleida. Spannt an Gummi.
Patsch! Im Dochfenstal vom Lehra Maier
is a kloans, runds Loch.
Wos sagst jetz?
Juut, juut! moant da Hans-Jürgen.
Na oiso, wenn e mog, nachad triff e aa,
sagt da Bibe stoiz.
Juut, juut!! Und ick ziel jetzt uff de
Tulpen! Und ick verrat ooch nich, daß
de det Fenster einjeschossen hast, wa!
Und du verrätst mir ooch nich, oder?

Da Bibe geht und sagt nix. Sigt bloß,
wia da Hans-Jürgen af de Tulpn schiaßt.
De scheena Tulpn!
Oane nach da andan valiat an Kopf.
Da ganze Gartn vom Lehra Maier is
volla traurige bunte Blüatnbladln.
Jetz is as Dochfenstal hin, und de Tulpn
müassn aa no sterm, geht s an Bibe
durch n Kopf. Oh mei, oh mei!
Oba füa de Tulpn konn e doch nix,
Vadda! sagt da Bibe.
Freilich glaabt da Vadda an Bibe dees
net recht. Da Bibe spürt de großn Händ
vom Vadda. Au weh, au weh!
Wart no, Hans-Jürgen, wart no! dengt se
do da Bibe. Boid muaßt aa in d Schui.
Nachad kriagst as zruck!

Dritte Gschicht:
Foisch, oiß foisch!

Mei, mei, mei, Bibe! sagt da Lehra.
Ja mei, dengt se da Bibe, so is' hoid.
Ja, so is', und da Bibe sitzt in da erstn
Bank.
Und neba m Bibe steht oiwei da Lehra
und schwitzt. O mei, schwitzt der!
Gwieß wollts jetz wissn, warum da Bibe
in da erstn Bank sitzt?
Na, wega m Hans-Jürgen hoid. Der hod
nämle furchtbar plärrt, wia eahm da
Bibe am erstn Schuidog a paar Reiß-
nägl am Stui higlegt hod – wega de
Tulpn vom Lehra Maier. Kennts eich
doch no erinnern, daß da Hans-Jürgen
dene scheena Tulpn d Köpf wega-
gschossn hod, oda?
Ja mei, oba da Lehra hod natürle net
gwußt, wia de ganze Gschicht aso war,
und drum sitzt da Bibe jetz zua Straf in
da erstn Bank.

Und neba m Bibe steht da Lehra und schwitzt, schwitzt ganz furchtbar.
Na ja, der is hoid no recht jung, dengt se da Bibe, drum werd a aa so narrisch schwitzn.
Mei Liaba, mei Liaba, der schwitzt vielleicht!
Da Bibe traud se natürle net sogn, daß a aso schwitzt, da Lehra. Do bohrt da Bibe scho liaba in olle zwoa Nosnlecha. Do riacht ma net so vui.
Daß dees wieda an Lehra net recht paßt, ko ma se ja denga. Da Lehra schimpft drum oiwei an Bibe. Oba da Bibe konn ja nix dafüa, daß a in da Nosn bohrn muaß, weil da Lehra so furchtbar schwitzt.
Mei, schwitzt der! Und da Bibe bohrt in olle zwoa Nosnlecha.
Und weil da Bibe oiwei Nosn bohrt, hod da Lehra aa owei am Bibe wos zum Aussetzn. Bsondas gfoid am Lehra net, wia da Bibe so bairisch redt.
Rede vernünftig, rede hochdeutsch, rede

vernünftig! sagt da Lehra oiwei zum
Bibe.
Da Bibe redt oba grod aso, wiar a oiwei
gredt hod – bairisch redt da Bibe. Und
wenn da Bibe an Lehra beim Hochdeitsch-
redn net vasteht, nachad sagt a bloß:
Wos ham S gsagt, Herr Lehra? Hob koa
Wort vastandn, Herr Lehra.
Da Lehra kriagt na meistns a ganz a
rods Gsicht, schwitzt no mehra, schnauft
diaf und seifzt: Oh mei, Bibe, oh mei!
Ja mei, geht s an Bibe durch n Kopf, ja
mei! Wos konn i dafüa?
Freilich konnst nix dafüa! sagt d Muadda.
Freilich konnst nix dafüa! sagt da Vadda.
Oba mei, Bibe, in da Schui derfst hoid
net redn wia dahoam.
An Bibe geht dees net ei: Redn doch de
andan Kinda aa aso wia dahoam.
Freilich redn de hochdeitsch.
Oba in da Schui redn s wia dahoam –
hochdeitsch. Und i? I sollt net redn derfa
wia dahoam? I soll net bairisch redn
derfa?!

Naa, naa, sagt d Muadda, dees geht net.
Naa, naa, sagt da Vadda, dees geht net.
Muaßt hoid Hochdeitsch lerna, moant
da Vadda.
Freilich, Hochdeitsch muaßt lerna, moant
d Muadda und redt bairisch.
Oiso, da Bibe kennt se nimma aus. Dengt
se bloß, daß ma oiwei macha muaß,
wos olle macha. Wenn olle bairisch redn
daadn in da Schui, nachad waar s glei
aus mid dem Hochdeitsch. Oba mei, i
red ja ganz alloa bairisch in da Klass.
Dees is natürle z weng. Do konnst nix
macha. So is' hoid.
Und weil s aso is, is da Bibe ganz
traurig. Ganz durchanand is a, mog
nimma in d Schui.
Im Rechnen war da Bibe oiwei da Beste.
Jetz is a do aa ganz misarabl.
Am End braucht ma as Hochdeitsche
zum Rechnen, dengt se da Bibe und
bohrt ganz narrisch in da Nosn, weil da
Lehra heid wieda aso schwitzt.
Da Lehra moid Viecha an d Dofe hi, und

de Kinda müassn rodn, wos dees füa Viecha san.
Da Hans-Jürgen hebt oiwei an Finga. Da Bibe sitzt bloß do und bohrt in da Nosn.
Wos moid a denn jetz?
Ach so, dengt se da Bibe, dees moant a.
Koana woaß, wos dees füa a Viech is.
Da Hans-Jürgen aa net.
Na, weißt du, was das für ein Tier ist, Bibe? fragt da Lehra.
Wissat s scho, moant da Bibe.
Dann sag s, Bibe!
Woaß net, wia s hochdeitsch hoaßt, brummt da Bibe vor sich hi.
Aber Bibe, versuch s doch wenigstens!
Konn s net!
Dann in bayerisch, Bibe!
Oiso, dees is a Loas.
Da Lehra kriagt an rodn Kopf, da Hans-Jürgen kichat.
Ein Hausschwein ist das, Bibe!
A Loas is' und sunst gar nix! Bei uns hoaßt des Loas.
Da Lehra hod an rodn Kopf und schwitzt.

De ganze Klass lacht.
Jetz glangt s ma, dengt se da Bibe. I sag übahaupts nix mehr.
Da Bibe schaugt zum Fensta naus, bohrt in da Nosn und sagt überhaupts nix mehr.
A paar Dog lang sagt da Bibe koa Wort mehr. Da Bibe mog einfach nimma.
Weil s net aso weidageh konn, geht da junge Lehra amoi zum Bibe seine Eldan hoam.
De hoibade Nacht redn s midanand.
Und wia da junge Lehra nachad hoamgeht, schwitzt a nimma und grinst üba s ganze Gsicht.
Wieda a Schuidog.
Da Bibe sitzt in da erstn Bank, bohrt in da Nosn und sagt koa Wort. Da Lehra schwitzt heid wieda ganz furchtbar.
Ja und heute, sagt da Lehra plötzle, versuchen wir alle, bayerisch zu reden.
Dea und bairisch redn, dengt se da Bibe, dees werd wos wern.
Tatsächlich fangt da Lehra o, a Gedicht in bairisch vorzlesn.

Greisle, greisle.
Da Bibe hert a Zeitlang zua, nachad
sagt a bloß: Foisch, oiß foisch!
Da Lehra kriagt an rodn Kopf.
Probierst du das Gedicht, Bibe? fragt
da Lehra.
I, i soll dees vorlesn?
Ja, du!
Da Bibe fangt zum lesn o, d Klass werd
staad, und aa da Hans-Jürgen hert zum
schnabeln af:
A jeda is,
wiar a is.
Und a jeda muaß so sei derfa,
wiar a is.
Und do ghert dazua,
daß a so redt,
wiar a redn muaß.
Da Bibe muaß aso redn,
weil a so is.
Hoff ma, daß da Bibe
hoid wieda is,
wiar a is.
Wia is da Bibe?

Recht is da Bibe.
Wia redt da Bibe?
Schee redt da Bibe!
Am Hoamweg redt da Hans-Jürgen mid m Bibe bairisch.
Da Bibe muaß oiwei narrisch lacha, weil s da Hans-Jürgen natürle net gscheid konn.
Oba mei, dengt se da Bibe, der redt hoid, wiar a redn muaß. Und außadem, geht s an Bibe durchn Kopf: Hochdeitsch lern e leicht, oba da Hans-Jürgen und da Lehra, de zwoa lerna ihr ganz Lebn lang net bairisch, dees is gwieß.

Vierte Gschicht:
Daß do koana schimpft?

Ja mei, geht s an Bibe durch n Kopf, so is' hoid. Ja mei, wenn d Schui vabei is, nachad muaß ma in Ualaub fahrn. Mei, do konnst nix macha.

Da Bibe sitzt am Sandkastn und bohrt in da Nosn.

Nach Spanien obe geht s heia im Ualaub. Spanien, hod da Vadda gsagt. Ja, und wenn da Vadda Spanien sagt, nachad moand a hoid aa Spanien und ned Niedabayern. Oiso Spanien, naa, dees werd wos wern.

Niedabayern waar an Bibe scho liaba gwen, weil do kennt a se aus. Oba, na ja, in Spanien soll oiwei d Sunna scheina, hod da Vadda gsagt.

Da Bibe muaß grod lacha, wiar a an Vadda dengt. Mei, dees war wos, mid dem Zeignis! Do hod a se einegrittn, da Vadda. Oh mei, oh mei!

Na ja, hod nämle da Vadda gmoant, so schlecht is' ja net, dei Zeignis, Bibe. Oba wenn e ma voastai, wia meins war, mei Liaba, do is scho a Untaschied!
Dees stimmt! hod draf da Bibe gsagt und an Vadda dees Zeignis zoagt vo damois, wia da Vadda no in d Schui ganga is. Mei, schlecht war an Vadda sei Zeignis ja net grod, oba an Bibe seins, dees war scho vui bessa. Do hod da Vadda sei oids Zeignis gnumma, se af s Kanapee gsetzt und an ganzn Omd nix mehr gsagt. An Bibe hod a an Zwickl gschenkt, weil an Bibe sei Zeignis doch bessa war.
Mei, dees war wos! Da Bibe muaß lacha. Ja, und weil da Vadda aa nachad da Vadda is, aa wenn a a schlechts Zeignis ghabt hod, geht s heia nach Spanien, weil s hoid da Vadda gsagt hod.
Niedabayern waar an Bibe liaba gwen. Jetz muaß hoid na d Großmuadda alloa in d Schwammerl geh und aa af d Nacht alloa af m Bankl vor m Haus sitzn. Oba

mei, da Vadda hod Spanien gsagt, aus.
Spanien!
D Muadda hod an Strohhuat af. Da
Vadda hod kasige Wadln. D Sunna
brennt oba.
Da Vadda sitzt unta m Sunnaschirm
und hod oiwei an narrischn Durscht.
D Muadda duad se in oana Tua
eikrema.
Und da Bibe – der duad jetzt scho drei
Dog lang nix andas, wia Sand spuin
und in s Wassa geh. Drei Dog duad a
jetz scho nix andas, wia Sand spuin und
in s Wassa geh!
Koan Freind hod a.
Da Vadda sitzt unta m Sunnaschirm. D
Muadda duad se mit Krem voischmian.
Spanien!
A komischs Land, dengt se da Bibe. Net
amoi Schwammerl ko ma do suacha. Oh
mei, oh mei, wenn dees no drei Wocha
aso weidageht!
Da Bibe konn koan Sand nimma seng,
und in s Wassa mog a aa nimma. Am

siebtn Dog geht da Bibe nimma mid an Strand.
I bleib dahoam, sagt a zua Muadda.
Na guad, sagt s, obwoi an Vadda de Gschicht net recht bassd.
Na guad, sagt nachad aa da Vadda. Stai ma fei nix o, in so zwoa, drei Stund sam ma wieda do.
Da Bibe is alloa. As Meer und as Dorf sigt ma vom Ferienhaus aus. Af in s Dorf, geht s an Bibe durch n Kopf, af in s Dorf, do is wos los.
Ja, mi host ghaut! Do riat se wos. Und Kinda gibt s do, oiß is volla Kinda.
Fuaßboi spuin s.
Da Bibe schaugt zua. Na ja, schlecht spuin s net. Oba aa net z guad. Bloß middn af da Straß spuin s.
Do werd glei oana kemma und schimpfa, geht s an Bibe durchn Kopf.
Komisch, koa Mensch schimpft. Sogar de oidn Haklsteckarentna schaugn zua.
Middn af da Straß spuin dee!
Daß do koana schimpft?

Na ja, Vakehr is ja fast koana. Und
wenn oana mid an Auto kimmt, nachad
duad a hoid langsam und hupt net wiar
a Narrischa.
Komisch?
An Bibe juckt s in de Füaß. Daad scho
narrisch gern midspuin. Woaß oba net,
wos a sagn soi.
Dee vastenga mi ja net, dengt a se.
Ja, wia se da Tormann af den hartn Bodn
hihaut! Und a Gschrao ham dee! Spuin
duan s wia da Deife. Ja, den Boi kriagt a
nimma ... – Tor!
Da Bibe fangt den Boi af. D Spanien-
kinda schaugn. Wos is n dees füa oana?
Bibe hoaß e, sagt da Bibe.
D Spanienkinda nicka mid m Kopf, da
Bibe is dabei.
Spuit wia da Deife. Rennt, schiaßt, springt.
Schiaßt wieda ... – Toor!!!
Weida geht s. Da Bibe rennt, springt,
schiaßt. Spannt net, wia d Sunna
obabrennt, rennt bloß, rennt an ganzn
Dog. Springt, schiaßt, rennt ...

Und af oamoi, ganz schnell is dees
ganga, is Nacht. Ma sigt kaum mehr
wos! Ja, Nacht is', Nacht.
Hoam, dengt se da Bibe, bloß hoam!
Oba Nacht is, und da Bibe kennt se
nimma aus. Woaß ja gar net, wia de
Straß hoaßt, wo dees Ferienhaus steht,
geht s an Bibe durch n Kopf. Oh mei, i
woaß ja gar nix. Oh mei, oh mei!
D Spanienkinda spanna, daß mid m Bibe
wos net stimmt. Olle stenga um eahm
rum.
An Bibe is ganz zwoaraloa: Vasteh duan
mi dee aa net. Oh mei, dees is wos!
Da Bibe is ganz traurig. Do packt n da
Miguel an da Hand.
Mei, der woaß am End, wo i wohn,
dengt se da Bibe.
Da Miguel führt n Bibe durch s Dorf. Oiwei
dunkla werd s.
Na, ob dees stimmt, wo mia do higenga,
geht s an Bibe durch n Kopf. Oba da
Miguel geht grod aso, wia wenn a se
genau auskenna daad.

Na bleibt a steh.
Du, Miguel, do wohn i fei net! sagt da Bibe.
Da Miguel vasteht nix. Packt an Bibe bloß no festa an da Hand, ziagt n a dunkle Treppn nauf.
A Tüa geht af. A Zimma volla Leid. Freindliche Leid.
Da Bibe kriagt lauta fremde Sachan zum essn. Guad schmeckt s. An Schluck Wein kriagt a aa.
Und nachad werd da Bibe schee langsam müad. Stoamüad werd a.
Und nachad fangt da Bibe zum trama o: Da Bibe spuit Fuaßboi. Middlstüama! Da Vadda und d Muadda schaugn zua. Klatschn, wenn da Bibe a Tor schiaßt. Da Miguel spuit mid m Bibe in da Mannschaft. D Haklsteckarentna frein se. Da Bibe spuit wia da Deife ... – Toor!!!
Langsam macht da Bibe d Augn af: A weiß Bett. Da Vadda is do, d Muadda is do, as ganze Zimma is volla freindliche Leid. Zwoa dicke Polizistn grinsn.

Wia habts me gfundn? fragt da Bibe.
Da Vadda deit af de zwoa dickn Polizistn.
Mei Liaba, mei Liaba, sagt d Muadda,
dees machst ma fei nimma!
Da Miguel hoit an Bibe bei da Hand.
Naa Muadda, naa Vadda! sagt da
Bibe. Oba mei, i konn ja eigentlich nix
dafüa.
Woaß' scho, moant da Vadda.
Derf e heid wieda Fuaßboi spuin? fragt
da Bibe.
Wenn s sei muaß, moant da Vadda.
Ja, ja, sagt d Muadda.
Do springt da Bibe af, und scho geht s
mid m Miguel zum Fuaßboi.
Wia da Bibe af d Nacht wieda zum
Miguel hoamkimmt, sitzn da Vadda und
d Muadda oiwei no do.
Da Vadda hod an rodn Kopf, und da
Vadda vom Miguel aa.
Der Wein setzt eahna oba zua, dengt se
da Bibe und freid se scho draf, wos a da
Großmuadda in Niederbayern oiß
vazain konn.

Fünfte Gschicht:
Na, mia is' Wurscht!

Mei, dees is schod, dengt se da Bibe, mei, dees is wirkle schod! Da Ualaub is vabei, und jetz bin e wieda dahoam. Schee war da Ualaub. Oba mei, jetz bin e hoid wieda dahoam.
Da Bibe sitzt am Sandkastn und bohrt wia oiwei a bisserl in da Nosn. Bis af n Hans-Jürgen san olle Spezen mit ihre Eldan no im Ualaub. Außer am Hans-Jürgen is koa Mensch do.
Wos kannt e denn macha? Hm, nix foid ma ei ... – Wo bloß da Hans-Jürgen is, wo se der bloß umanandtreibt? Langweilig is', ganz furchtbar langweilig. Koa Mensch do zum Spuin oda Blädsinnmacha. Wo bloß da Hans-Jürgen is? Am End schaug e amoi, übalegt se da Bibe, muaß ja wo sei, da Hans-Jürgen.
Da Bibe macht se af n Weg. Zerst kimmt da Bibe am Kramalodn von da Frau

Kneitinger vabei. Koa Hans-Jürgen. In de Hoslnußstaudn hinta m Haus vom Lehra Maier is a aa net. Im Dochfenstal vom Lehra Maier is no oiwei dees kloane Loch, dees da Bibe mid da Stoaschleida einegschossn hod.

Mächt bloß wissn, wo da Hans-Jürgen is, geht s an Bibe durch n Kopf.

Oba nirgends is a zum seng, nirgends. Da Bibe laft umanand, schaugt, lurt. Nix zum seng.

Da Bibe kimmt an Boizplotz hi. Koa Mensch is do.

A kaputta Fuaßboi liegt am Spuifeid. Da Bibe haud n in s Tor eine. Koa Mensch is do.

Da Bibe hängt se a bisserl an d Torstanga hi. Do herd a an Pfiff!

Dees war da Hans-Jürgen. Zum seng is a oba net. Wieda a Pfiff!

Ah, aus dera Richtung! Da Bibe schaugt umanand. D Bredln vom letztn Kindafest liegn no do. Scho wieda a Pfiff, deesmoi ganz nah!

Nix zum seng. Wo da Hans-Jürgen bloß
vasteckt is? Jetz pfeifd a wieda!
An Bibe reißt s. Da Pfiff is ja vo untn
kemma! Da Bibe schaugt, steht af Bredln.
Is da Hans-Jürgen eppa unta ...?
Tatsächle! Da Bibe ramd a Bredl af d Seitn,
und do sitzt doch da Hans-Jürgen tat-
sächle drunta – in am Riesnloch.
Servus, Hans-Jürgen!
Tach, Tach! Juut wa?
Ja ganz guad, sagt da Bibe, ganz guad.
Dees is ja a pfundigs Vasteck. Ganz
guad!
Da kiekste, wa?
Ja, scho.
Da Bibe steigt in dees dunkle Loch obe.
Da Hans-Jürgen legt wieda de Bredln
drüba. Ganz dunkl is'.
Ham ma koa Liacht, Hans-Jürgen?
Na klar!
Da Hans-Jürgen macht a Taschnlampn o.
A kloans Bankerl steht do, schee. Und wos
zum essn is aa do: a ganz a groß Glasl
eigmachte Kirschn, scho hoibad laar.

Host du de olle scho gessn? fragt da Bibe.
Na klar doch!
Hm, hoffentle werd s da net schlecht!
I wo, keene Angst!
Na, mia is' Wurscht! dengt se da Bibe und schaugt an Hans-Jürgen zua, wiar a de Kirschn obehaut.
So hin und wieda ißt da Bibe aa a Kirschn. Oba da Hans-Jürgen is ganz hektisch draf. Boid werd as Glasl laar sei.
Schee is' do herunt!
Da Hans-Jürgen schmatzt an de Kirschn hi.
Langsam, ganz langsam werd dees Liacht von da Taschnlampn oiwei schwächa. Boid is' ganz dunkl, a bisserl unheimlich.
Do herd ma draußd schwaare Schritt, ganz langsam.
Oiwei näha kemma de Schritt. Ganz langsam kemma s näha. Und jetz aa no so a komischs Schnaufa.

Ganz komisch schnauft do eppa, kratzt
an de Bredln umanand. Dees Schnaufa
werd oiwei lauda. Kratzn!
An Hans-Jürgen werd s angst. An Bibe
is' aa ganz zwoaraloa.
Wieda Schritt, wieda a Schnaufa. Kratzn,
Schnaufa, Schritt ...
Ick muß raus, jammert da Hans-Jürgen,
die Kirschn, ick muß uffs Klo.
Kannst jetz net, murmlt da Bibe.
Ick muß aber.
Geht jetz net.
An Bibe genga Gspenstagschichtn durch
n Kopf: a oide Burg mit Fledamäus – hui,
hui, macht a Gspenst – zwölfe schlogt s,
Geisustund – da Wind pfeift durch de
oidn Mauan, a Eisntüa foid zua, Kettn
rassln – as Burgfräulein woant – Blitz
kracha dahi, schwarze Woikn am
Himme – Fledamäus ...
Ick muß uffs Klo, jammert wieda da
Hans-Jürgen.
Häddst net so vui Kirschn gessn, flüstat
da Bibe.

Draußd wieda a Kratzn, schwaare Schritt.
A Hund bäid. Kratzt mid de Pfotn an de
Bredln hi, schnuppert, schnauft …
A Hund is', a Hund! schreit da Bibe, reißt
as Bredl weg und springt naus.
Draußd daschrickt da oide Dackl vom
Lehra Maier, laft winselnd davo, an Lehra
Maier foid vor Schreck d Bruin aus m
Gsicht, da Hans-Jürgen springt aus m Vasteck und hoit se hint an da Hosn.
Mei, muaß do da Bibe lacha! Oh mei, ob
da Hans-Jürgen do no af s Klo kimmt?
Mei, muaß da Bibe lacha!
Da oid Lehra Maier schaugt oiwei no
ganz vadutzt und marschiat nachad los,
um sein Dackl z suacha.
Da Bibe oba setzt se wieda in dees Loch
eine und lacht und lacht.
Da Hans-Jürgen hod nachad an Bibe nia
vazaid, ob a s no dapackt hod bis zum
Klo.
Oba da Bibe moant, daß a d Kirschn
am End scho in da Hosn ghabt hod, bis
a hoamkemma is.

Sechste Gschicht:
Grüaß God!

Oh mei, wos is denn mid m Bibe los? denga se d Leid, wia s n so am Sandkastn sitzn seng.
Oh mei, dengt se da Bibe bloß, habts ja koa Ahnung. Koa Ahnung habts! Oh mei, oh mei!
Da Bibe sitzt oiso grantig am Sandkastn und bohrt in da Nosn.
Oh mei, dees werd wieda a Wochnend wern! Tante Eleonore und da Onkl Eckehart kemma af Bsuach. Oh mei, dees werd wieda wos wern!
Eigentli woaß da Bibe aa scho, wia s wieda werd: Oiso, zerst amoi muaß se da Bibe d Händ fünfmoi waschn. Nacha muaß a d Haar dreimoi kampen. A frische Hosn und a frischs Hemad muaß a oziang, d Schuah sauba putzn, und natürle derf a af gar koan Foi in da Nosn bohrn. Aus waar s!

Tante Eleonore daad glatt in Ohnmacht foin, wenn s dees seng daad. Ja, glatt in Ohnmacht daad s foin! Und wer daad s aufhebn? Koa Mensch bracht ihre zwoa Zentna in d Heh. Gfaid hädd s!
Da Bibe steht mid m Vadda und da Muadda am Bahnhof. Glei wern s kemma, Tante Eleonore und da Onkl Eckehart. Da Bibe hod a frische Hosn und a frischs Hemad o, d Finganägl san sauba, d Haar kampet und d Schuah putzt. Glei wern s kemma, Tante Eleonore und da Onkl Eckehart.
Oh mei, dees werd wieda a Wochenend wern! Ganz schnell bohrt da Bibe no amoi in da Nosn.
Der Zug fahrt ei. Da Onkl Eckehart und Tante Eleonore steign aus.
Mei, wia schaugt denn dee wieda aus! An Huat hod s af, daß da Onkl Eckehart glatt zwoa Meta neba ihr geh muaß, so broad is der Huat.
Und an Haffa Gepäck ham s wieda. Oiß tragt da Onkl Eckehart. Keichn duad a,

a ganz a rods Gasicht hod a af, d Koffa
druckn eahm fast an Bodn obe. Daher
kimmt a wiar a Dienstmo.
Und Tante Eleonore, ja dee is fein heraus.
Tragt bloß a kloans Handtascherl und –
ja, ja, wos hod denn de no dabei? Dees
is ja a Katz! A Katznviech hod s no
dabei! Ganz fest druckt Tante Eleonore
de Katz an sich hi.
A rods Schleifal hod de Katz um. Außa-
dem is de Katz koihschwarz und greislig.
Do nutzt dees rode Schleifal aa nix, dengt
se da Bibe und gibt da Tante Eleonore d
Hand:
Grüaß God Tante, grüaß God Onkl,
gwachsn bin e seit am letztn Moi a
bisserl, und in da Schui gehts ma aa
ganz guad, frisch gwaschn bin e aa, und
d Finganägl san fei aa sauba.
Tante Eleonore schaugt an Bibe ernst o.
Da Onkl Eckehart, moan e, daad grinsn,
wenn a se traun daad.
D Muadda gibt an Bibe an Rennara in d
Seitn: Oiso Bibe!

Ach so, sagt da Bibe, de Katz hob e vagessn. Na servus, Katzenviech, du!
Tante Eleonore schaugt no ernsta. Da Onkl Eckehart daad gern grinsn. Tante Eleonore vadraht beleidigt d Augn: Also, Eckehart, gehn wir!
Da Onkl Eckehart mächat ja gern, oba er steht af da Schnoin vom Koffa. Do reißt a o wia narrisch. Ratsch, ratsch macht s. Da Koffa platzt ausanand. Tante Eleonore kriagt an Schreikrampf.
As ganze Gwandt flackt am Bahnsteig durt: lange Untahosn, dicke Strümpf und a paar graue Untareck von da Tante.
Da Bibe konn se nimma hoitn vor Lacha.
Furchtbar grantig marschiat Tante Eleonore voro, draht se zwischneine um und schimpft an Onkl Eckehart, daß a oan dabarma kannt.
Und de schwarze Katz mid m rodn Schleifal schaugt dumm ...
Da Bibe sitzt am Sandkastn, bohrt in da Nosn und dengt noch. Dera Eleonore müassat i wos odoa. Scho alloa desweng,

weil e oiwei a frischs Hemad oziang
muaß, d Finganägl saubamacha muaß,
me kampen muaß – irgndwos muaß e
dera odoa. Oba wos?
An Bibe foid nix Gscheids ei. Do sigt a,
wia da Katzndeife von da Tante Eleo-
nore am Balkon sitzt und in d Sunn blinzlt.
Werd da glei vageh! dengt se da Bibe.
Vorsichtig duad a an Stoa in sei Stoa-
schleida eine. Zuid.
Glei werd s de hom, na pfeifst!
Da Katzndeife blinzlt in d Sunn. Da Bibe
zuid. Wia wenn s es gspannt hädd,
springt de Katz vom Balkon.
Kriag de scho, wart no, kriag de scho!
D Katz sitzt wieda am Balkon und blinzlt
in d Sunn. Da Bibe zuid, schiaßt – danebn.
D Katz sitzt no oiwei do und blinzlt in d
Sunn.
Kriag de scho, wart no, kriag de scho!
dengt se da Bibe und schneidt se an
Hoslnußstecka her. Langsam schleicht a
se zum Balkon. D Katz liegt im Eck vom
Balkon. Miaut ganz komisch.

Ah ja, Angst hod s, dengt se da Bibe.
Da Bibe kraxlt am Balkon nauf. D Katz
miaut ganz komisch. Da Bibe packt den
Hoslnußstecka ganz fest.
Hebt den Stecka, wui n af d Katz obesausn
lassn – oba de miaut oiwei no so
komisch, vadraht d Augn, schaugt an
Bibe ganz ängstle o.
Ganz in s Eck duckt se de Katz eine. Ob
de echt so vui Angst hod?
Da Bibe vagißt sein Stecka und schaugt
af de Katz obe.
De jammert ganz furchtbar, druckt se no
mehra in s Eck eine, vadraht d Augn ... –
Ja, ja, wos is dees? De kriagt ja a
Jungs?!
Tatsächle! De Katz kriagt a Jungs!
Zerst kimmt a kloana schwarza Kopf,
Pfotn, a Körpa, da Schwanz – as Junge
is do.
D Katz leckt ans Junge hi, as Junge
wimmat.
Do springt da Bibe af, hoid a Mille, a
oide Decka. Ja, und wiar a zruckkimmt,

is scho wieda a Jungs do. Da Bibe sitzt se zua da Katz.
Mid da Zeit san s vier Junge. De oide Katz leckt an ihre Junga hi, is ganz froh.
Mei, dengt se da Bibe, und i bin froh, daß e dera Katz koane naufbrennt hob! Wos konn aa des arme Viech dafüa, daß e a Tante hob, de Eleonore hoaßt?
Ja, und de Tante Eleonore hod se ganz furchtbar üba de vier junga Katzn gfreit. Und weil de Tante Eleonore de Gschicht mid de Katzn am schnellstn Weg ihra Nachbarin vazain hod müassn, is' glei am nächstn Dog in olla Früah mid m Onkl Eckehart hoamgfahrn.
Ja, und da Bibe war stoiz. Jetz hod a de andan olle vazain kenna, wia Katzn af d Welt kemma.
Ois oanziga vo seine Spezen hod da Hans-Jürgen de ganze Gschicht net glaabt. Wahrscheinlich hod a se gärgat, daß a net dabei war, wia s Junge kriagt hod, de schwarze Katz von da Tante Eleonore.

Siebte Gschicht:
Wos ko ma do scho macha?

Oh mei, oh mei, jetz geht de scho wieda
zua Muadda!
Mid am grantign Gsicht leit de oide
Lehrarin an da Haustüa. Mindestns
oamoi in da Woch macht s dees.
Nachad vazaid de oide pensioniate
Lehrarin, wos oiß vor ihrm Wohnzimma-
fensta bassiad is.
Daß da Bibe an Boi ans Fenstakreiz
higschossn hod, daß a recht laut nach
am Speze gschrian hod, daß a oiwei so
gfährle mid da Stoaschleida schiaßt,
daß a mid m Fahrradl am Fuaßgänga-
weg gfahrn is – ja, so Sachan vazaid
de oid Lehrarin oiwei an Bibe seina
Muadda.
Da Bibe hod s dick, de oide Ratschn.
Hockt an hoibadn Dog am Wohnzimma-
fensta, schaugt naus, schimpft naus und
duad sunst an ganzn Dog nix. Bloß

nausschaugn, schimpfa und umanand-
vazain, wos oiß bassiad is. Dick hod a s,
da Bibe, de oid Nachbarin.
Oba mei! Wos ko ma do scho macha?
Nix! Dees is a oide, pensioniate Lehrarin,
und de werd se nimma ändan.
Naa, de ändat se nimma! geht s an Bibe
durch n Kopf, wiar a wieda amoi mid a
paar Spezen Fuaßboi spuit. Ma sollt s
dera amoi so richtig zoang! Wos odoa
sollt ma dera! So, daß' ihr vageht, as
Nausschaung aus m Wohnzimmafensta
und as Ratschn!
Heid schaugt s natürle scho wieda aus m
Fensta. Ja, und dees is klar, daß da Boi,
so ab und zua, bsondas wenn da Bibe
da Spuimacha oda da Middlstüama is
und da Hans-Jürgen im Tor, de Pflaume –
da Boi hoid af des Grundstück fliagt, wo
steht: Betreten des Rasens verboten!
Koa Mensch regt se oba drüba af, wenn
da Bibe und seine Spezen an Boi von
dem Rasn obahoin, wo dees komische
Schuidl drafsteht.

Bloß de oid Lehrarin, de regt se natürle
af. Dawei is dees gar koa gscheida Rasn.
Mehra aso a Grundstück volla Unkraut.
Oba mei, de oid Lehrarin regt se hoid
oiwei af.
Und heid is' wieda soweid. Da Bibe
kriagt an Elfmeta. Da Hans-Jürgen steht
im Tor.
Da Bibe woaß ganz genau, wia da
Rizzitelli olaft, wiar a teischt, wiar a
schiaßt ... – Toor!!! Da Hans-Jürgen hod
koa Schaas ghabt.
Da Boi is af de Wiesn gflogn, wo steht:
Betreten des Rasens verboten! Da Bibe
hoid an Boi.
Konnst net lesn, konnst net lesn?! gift
de oid Lehrarin aus m Wohnzimma-
fensta. Betreten des Rasens verboten!
Sigst du dees Schuidl net, du Hundsbua?
Steht doch do: Betreten des Rasens
verboten!
Geh, wos wui denn de? dengt se da
Bibe. Bin e doch da Rizzitelli, und de is
bloß a oide pensioniate Lehrarin! Glei

zint e am Hans-Jürgen no amoi an Elf-
meta eine.
Da Bibe laft wieda o, täuscht, schiaßt
wia da ... – Toor!!! Da Bibe is scho a
Hund, und da Hans-Jürgen hod se in s
vakehrte Toreck gschmissn.
Da Bibe hoid wieda an Boi. Scho fangt
de Oide wieda zum giftn o:
Konnst net lesn, konnst net lesn?! Betreten
des Rasens verboten! Sigst dees Schuidl
net, du Hundsbua ...
Jetz glangt s an Bibe, d Zunga streckt a
naus, plärrt: Bläde Gans! und schiaßt an
Boi mid Gwoit an s Kreiz vom Wohn-
zimmafensta hi, daß' grod aso patscht.
De oid Lehrarin valiat voa lauta Da-
schrecka ihr Bruin.
Oh mei, Bibe, wos host gmacht? Oh mei,
oh mei!
De oid Lehrarin reißt d Augn af, ziddad
d Bruin wieda af d Nosn, klappt d Ohr-
waschl af und ob, packt an Haklstecka
und rennt schnell wia a junge Lehrarin
zum Bibe seina Muadda.

Oh mei, oh mei! Da Bibe hod an Boi in da Hand, is da Rizzitelli, da Winkler, da Klinsmann, da Beckenbauer, da Elber. Oba mei, recht vui werd eahm dees net helfa, wenn eahm da Vadda oane patscht.
Wuadig schaugt da Bibe af dees Schuidl: Betreten des Rasens verboten!, schwingt se af sei Radl und haud ob.
Af d Nacht beim Omdessen sitzt da Bibe do und schwitzt. Bassiad oba nix. Koa Watschn vom Vadda, d Muadda sagt aa nix. Da Bibe sitzt do und schwitzt. Bringt an Rade und as Buttabrot um s Varrecka net obe.
Wiar a na spuda im Bett no wach liegt, kimmt d Muadda. Sagt bloß: Entschuldigst de fei moang, gell! Sunst sagt s nix. Geht.
Entschuldign, entschuldign, geht s an Bibe durch n Kopf, dees is ja schlimma wia a Watschn.
Am nächstn Dog schleicht se da Bibe um s Haus von da oidn Lehrarin. Ent-

schuldign muaß e me, entschuldign.
D Lehrarin sitzt hinta m Wohnzimma-
fensta und schaugt naus. An Bibe is
ganz schlecht.
A paarmoi steht a voa da Haustüa,
traud se oba net leitn. Schleicht se wieda
um s Haus. Wieda und wieda.
Greisle is dees, dengt se da Bibe, greisle
is dees, wenn ma se entschuldign
muaß!
Da Nachmiddog vageht. D Sunna
schleicht se allmähle davo, und da Bibe
schleicht se oiwei no um s Haus. Greisle
is dees, wenn ma se entschuldign muaß.
Schlimma wia a Watschn!
Da Bibe schleicht um s Haus. Zeit zum
Hoamgeh. An Bibe is hundselend.
S muaß sei! Da Bibe schwitzt. Voa eahm
steht de oid Lehrarin.
Entschuldign S scho, entschuldign S
scho! stottat da Bibe und is scho davo.
Mei, dees war wos!
Oiß gricht? fragt d Muadda beim
Omdessn.

Ja, Muadda.
Da Vadda leffet sei Suppn und sagt gar nix.
An Bibe schmeckt d Suppn heid gar net.
Ja, eigentle waar de Gschicht jetz aus.
I muaß eich oba no vazain, wos no bassiad is.
Oiso, de oid Lehrarin hod mid da Zeit nimma recht geh kenna. Und, na ja, wia s hoid aso geht, hod da Bibe nachad amoi füa de oid Lehrarin eikaft. Ja, und an irgndam Dog, da Hans-Jürgen hod seine Augn net traud, do hod da Bibe mid da oidn Lehrarin aus m Wohnzimmafensta nausgschaut. A Limo hod a aa drunga. Wiar a damid ferte war, is da Bibe aus m Wohnzimmafensta nausgsprunga, hod an Boi packt und an Hans-Jürgen genau oan in s Kreizeck einedonnat.
Toor! Toor! hod ganz begeistat de oid Lehrarin gschrian, und da Bibe is af de Wiesn gloffa, wo dees übaflüssige Schuidl steht: Betreten des Rasens verboten!

Achte Gschicht:
Ah nix!

Oh mei, oh mei, dees werd heid wieda
a Dog! Da Bibe konn den Dog scho glei
übahaupts net leidn.
Weil, heid is Donnasdog, Supamarktdog.
Ja, jedn Donnasdog muaß a mid da
Muadda zum Supamarkt fahrn, greisle is
dees.
Oba mei, do ko ma nix macha! Bläd bei
der Gschicht is bloß, daß d Muadda do
oiwei Sachan eikaft, de an Bibe scho
glei übahaupts net intressian: a Wasch-
pulva, Nudln, a Papia füa s Klo. Füa n
Bibe werd nix kaft.
A greislicha Dog, so a Donnasdog, so a
Supamarktdog!
Geh weida, Bibe, geh weida! Her mid
deina Nosnbohrerei af und kimm!
D Muadda is heid ganz hektisch.
Af geht s! Da Bibe kraxlt af n Rücksitz vom
Auto, d Muadda fahrt los wia narrisch.

D Frau Kneitinger vom Kramalodn winkt.
Z deia is' bei dera, hod d Muadda
gsagt. Drum geht s zum Supamarkt, jedn
Donnasdog.
D Muadda fahrt wia da Deife. D Reifn
pfeifa in jeda Kurvn. Dera prässiat s oba
heid! Wieda pfeifa d Reifn.
Föhn is, do fahrt s oiwei wia narrisch,
hod da Vadda gsagt.
Ja, Föhn werd sei! D Reifn pfeifa, da
Bibe duckt se. Jessas, jetz hädd s fast
dees rode Auto dawischt!
Muadda, Muadda, Obacht! plärrt da
Bibe.
Sei staad, red ma net nei!
Muadda!!!
D Muadda draht se wuadig um – as
rode Auto hoit ... – Patsch!!!
Jetz hod d Muadda dees rode Auto dant
gnumma. S hod koane Rücklichta mehr.
Dee liegn in kloane rode Breckal af da
Straß. Oh mei, oh mei!
Aus dem rodn Auto steigt a Mo mid am
rodn Gsicht. Schimpft aa no, wia d

Muadda eahm de Rücklichta scho zoid hod. A zwidra Mensch! dengt se da Bibe.
Oba mei, heid is a Donnasdog, Supamarktdog.
Im Supamarkt geht s wieda zua. Oiß volla Leid, oiß volla Waschpulva, Nudln, Papia füa s Klo – und nix füa n Bibe!
D Muadda rennt wia narrisch umanand. Suacht no Rasiaklinga füa n Vadda. Um an Bibe lauta hektische Leid. Oana hod an Taschnrechna dabei.
Wagerl volla Waschpulva, Nudln, Papia füa s Klo, Marmalad, Zahnbürstln, hoibade Autos – narrisch!
Da Bibe schaugt se um. Dort gaab s Spuisachan.
Ja, wos is dees? Is dees …? – Mei, a Speer! A ächta Indianaspeer!
Da Bibe schaugt den Speer o. Do is an Hans-Jürgen sei Plastikcoit nix dagegn. Der Indianaspeer, dees waar s!
Da Bibe schaugt den Speer o, nimmd n aus m Stända, streichlt n, streichlt de

Indianafeda, staid den Speer wieda
zruck, nimmd n wieda aus m Stända,
streichlt n.
Braun isa, mid ana blaua Feda hint dro.
Der Speer, dees waar s! Den mächat da
Bibe. Oba mei, d Muadda werd n hoid
net kaffa! Da Bibe staid den Speer
zruck.
Da Bibe duad den Speer wieda aussa.
Schaugt n o, streichlt n. Schee is der
Speer! D Muadda kimmt.
Da Bibe streichlt den Speer wieda,
schaugt d Muadda o: Du, Muadda,
wenn e nix von dem Unfoi an Vadda
vazai, daadsd du mia nachad am End
den Speer ... – Weida kimmt du Bibe
net.
A Gschroa, d Leid springa af d Seitn,
oiß schreit umanand. Afhoitn, afhoitn,
schreit eppa, hoits n af!
Da Bibe hoit sein Speer fest, oiß schreit,
oiß is durchanand, d Leid springa af d
Seitn, a Mo rennt wia narrisch af n Bibe
zua, da Bibe hoit sein Speer fest, reißt d

Augn af, a Mo rennt, da Bibe hoit an
Speer fest, dea Mo wui am Bibe vabei,
da Bibe hoit an Speer fest, dea Mo
stoipat üba n Bibe sein Speer, foid hi,
zwoa in weiße Mantl hoitn den Mo fest,
klopfn an Bibe af d Schuita und sagn,
daß as guad gmacht hod.
Dea Mo woitat wos stain, sagn d Leid.
Da Bibe schaugt sein Speer o.
Derfst n bhoitn, sagt oana von dene im
weißn Mantl.
Da Bibe schaugt den Mo o, der stain
woit. Große, traurige Augn hod a, wia d
Frau Kneitinger aus m Kramalodn. Da
Bibe mog den Speer nimma, staid n zruck,
nimmt d Muadda an da Hand.
Wos woitst eigentlich sagn, Bibe, fragt d
Muadda, wos woitst an Vadda ned sagn,
wenns d den Speer kriagst?
Ah nix, moant da Bibe bloß, nix!
Da Bibe kraxlt af n Rücksitz vom Auto
und dengt se bloß, daß heid wieda a
greislicha Dog war, a Donnasdog, a
Supamarktdog.

Neinte Gschicht:
Hoit, hoit!

Ja mei, d Veronika hod hoid neamd, sagt oiwei d Muadda.
Ja, do konn i aa nix macha, schimpfd draf da Bibe.
Mei, muaßt as hoid a bisserl vasteh, d Veronika, moant wieda d Muadda und ziagt an Bibe a bisserl am Ohrwaschl.
Oh mei, dengt se da Bibe bloß, oh mei! Kaum war nämle d Veronika in da Nachbarschaft eizong, do woit s oiwei bloß mid m Bibe spuin. Wollt mid m Bibe in d Schui geh, wollt mid eahm wieda hoamgeh.
An Bibe hod dees net recht bassd, weil eahm seine Spezen scho oiwei ghanslt ham: Weibagockara, Weibagockara! schrein s oiwei.
Weil dees aso is, muaß se da Bibe wos übaleng. Drum sitzt a wieda amoi am

Sandkastn und bohrt in da Nosn. Oba heid taugt net amoi de Nosnbohrarei wos.

Ganz plötzle, einfach aso, fangt nämle de Nosn zum bluatn o. Bluat wia narrisch.

Da Bibe legt an Kopf zruck, macht d Augn zua. Werd scho wieda aufhern, dengt a se. Bläde Nosnbluatarei!

So liegt da Bibe a Zeit, hod an Kopf zruckglegt, d Augn zuagmacht.

Und wiar a so doliegt, is eahm grod, ois daad eppa mid am Taschntüacherl sei Nosn obtupfa.

Plötzle a Gschroa: Weibagockara, Weibagockara ...!

Da Bibe springt af. Seine ganzn Spezen stenga um eahm rum. Weibagockara, Weibagockara! schrein s.

Um an Bibe draht se oiß. Volla Wuad haud a zerst an Hans-Jürgen af d Nosn, na packt a de andan: an Lenz, an Fritz – da Emil kriagt oane af s Aug, an Eugen haud a sauba in d Rippn eine ...

A Gschroa, a Woana, da Hans-Jürgen
rennt davo, sei Nosn bluat.
Hauts bloß ob, hauts bloß ob, schreit da
Bibe, wui eich nimma seng!
Jetz san s furt, olle san s furt. Da Bibe is
traurig.
Geht hoam und sigt net, daß d Veronika
no dosteht. A Taschntüacherl mid rode
Bluattupfa hod s in de Händ.
Olle san s furt. An Bibe seine ganzn
Spezen san furt. Koan sigt a mehr, koana
redt mid eahm. Ganz alloa is da Bibe.
Und af d Veronika hod a erst a Wuad!
Oba deswegn werd s aa net bessa. An
Bibe seine Spezen san furt.
Ah geh, Bibe, sagt d Muadda, dees
werd scho wieda! Und außadem hod s aa
d Veronika bloß guad gmoant. Woitat
hoid as Bluat von deina Nosn wischn.
Mia Wurscht! moant da Bibe. Olle san s
furt, meine ganzn Spezen san furt. Oh
mei, ob dees wieda guad werd?
Da Bibe sitzt am Sandkastn, bohrt vor-
sichtig in da Nosn. Weil s eahm lang-

weili is, zaid a Autos. Vui Autos fahrn net
af dera Straß. Fünf Autos in a hoibadn
Stund, dees is doch gar nix.
Bis jetz ham se an Bibe seine Spezen no
net grüaht. Koana hod se seng lassn.
Do kimmt wieda a Auto. Na, dea fahrt
oba narrisch!
Nach ana Zeit sigt da Bibe d Veronika.
Ganz gmüatle radlt s dahi. Da Bibe
vasteckt se.
D Veronika kimmt langsam näha. Sigt an
Bibe net. Radlt an eahm vabei. Sigt aa
net, daß da Hans-Jürgen nacha kimmt,
da Lenz, da Fritz, da Eugen. Olle fahrn s
hinta da Veronika her. D Veronika spannt
nix.
Jetz ham se s eigholt. Wia de Wuidn
klingln s. D Veronika daschrickt.
Da Hans-Jürgen stroaft s. Da Veronika ihr
Radl wacklt.
Da Lenz schnait ihr an Weg ob, da Fritz
ziagt am Gepäckträga, da Eugen zwickt
s in Buckl – d Veronika schreid, scho
liegt s do.

An Bibe seine Spezen lacha, d Veronika
liegt af da Straß. Woana duad s!
Do sigt da Bibe, wia a Auto näha kimmt.
Hoit, hoit, schreid da Bibe, stehbleibn!
Da Bibe springt af, rennt af d Straß. As
Auto kimmt näha, da Bibe winkt mid de
Arm, schreid: Hoit, hoit!
As Auto ko nimma ausweicha, s quietscht
bloß mehr, s kracht bloß mehr – an Bibe
haud s in Straßngrom eine, schwarz
werd eahm, aus is' ...
Naa, aus is' natürle net. Vui is an Bibe
net bassiad, in s Kranknhaus hod a hoid
müassn, weil a se an Fuaß brocha hod.
Oba sunst – sunst is an Bibe nix bassiad.
S war natürle a Mordsafregung, wia s
an Bibe mid m Kranknwong wegagfahrn
ham.
Da Hans-Jürgen und de andan Spezen
vom Bibe ham vo ihre Eldan saubane
Watschn kriagt, füa den Blädsinn, den s
ogstaid ham.
Und d Veronika – na, d Veronika hod an
Bibe glei im Kranknhaus bsuacht. Bis af

a paar Kratza war dea aa nix bassiad.
Natürle ham mid da Zeit an Bibe olle
bsuacht: da Hans-Jürgen, da Fritz, da
Lenz, da Eugen. Warn hoid ächte
Spezen!
Ja, und da Bibe hod jetz im Kranknhaus
lang übaleng kenna, wos a no oiß
ostain kannt, wenn a wieda heraust is
aus m Kranknhaus.
Weil do oba no recht lang hi war, hod
da Bibe seina Kranknschwesta mid m
Gummi zerst amoi a scheens Papial
hint naufbrennt.
Mei Liaba, Bibe, hod de gsagt, geht s
scho wieda o mid dia?
Mei, Bibe, hod d Muadda gsagt, mei,
Bibe, hod da Vadda gsagt, werst net
boid gscheida?
Oh mei, hod do da Bibe gsagt, gwieß
woaß e dees no net!

Das große, böse Riesenvieh schnappt grantig nach dem Kasperl. Der aber hat die bunte Kasperlmütze abgenommen und fuchtelt damit vor der Schnauze des Krokodils herum. „Ui, ui, ui, ui, ui ...!", ruft er immerzu, was das Krokodil entsetzlich ärgert und ablenkt.

Fritz Fenzl: Ui, der Kasperl!
Mit Zeichnungen von Gerhard Joksch
88 Seiten · gebunden
ISBN 3-932142-16-0
DM 18,00 · öS 131,00 · sFr 17,00

Erschienen bei

München · Starnberg

Willi riss die Augen auf und
sagte mit zittriger Stimme:
„Was, ein leibhaftiger
Wolpertinger?"
„Ja", nickte
der Vater,
„aber du wirst
noch mehr
staunen,
wenn ich
dir seine
Geschichte
erzähle.
Pass auf!"

Alfons Schweiggert: Willi und Wolperl.
Abenteuer mit dem kleinen Wolpertinger
Mit Zeichnungen von Gerhard Joksch
80 Seiten · gebunden · ISBN 3-932142-17-9
DM 18,00 · öS 131,00 · sFr 17,00

Erschienen bei

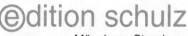

München · Starnberg